Ausgezeichnet mit:
- **Österreichischer Kinder- und Jugendbuchpreis** | Preisbuch, 2020
- **Kinder- und Jugendbuchpreis der Stadt Wien** | Preisbuch, 2020
- **KIMI-Siegel für Vielfalt** | 2020
- **LESERStimmen – Der Preis für junge LeserInnen** | Nominierung, 2022

3. Auflage 2024
© 2019 Verlagsanstalt Tyrolia, Innsbruck
Umschlagbild: Leonora Leitl
Layout: Nele Steinborn
Schrift: Casus Pro
Druck und Bindung: FINIDR, Tschechien

ISBN 978-3-7022-3801-8
E-Mail: buchverlag@tyrolia.at
Internet: www.tyrolia-verlag.at
Social Media: Tyrolia Verlag Kinderbuch

LEONORA LEITL

EiNMAL
wirst du...

Tyrolia-Verlag • Innsbruck–Wien

Jeden Tag wirst du ein bisschen älter.
Du wirst länger, dicker oder dünner,
bekommst eine komische Stimme,
dummerweise Pickel und
seltsame Haare unter den Achseln.

Einmal wirst du dein Herz verlieren und
vielleicht findet es ein anderer oder eine andere.
Dann hast du Schmetterlinge im Bauch,
deine Augen fangen an zu funkeln und
in den unpassendsten Momenten
wirst du rot wie eine Tomate.

Vielleicht verbringst du dein Leben mit einer Frau
oder einem Mann, mit Kindern, hast eine Katze,
einen Hund oder einen Hamster.
Oder du bleibst allein und kaufst dir einen Papagei.

Du wohnst in einem Haus, einem Schloss oder einer Wohnung.
Du wirst Zuckerbäcker, Tierärztin, Polizist oder Millionärin.
Du fährst mit dem Auto oder gehst zu Fuß,
machst Urlaub in der Südsee oder auf dem Balkon.
Manche bekommen graue Haare, dritte Zähne,
eine Brille oder eine Glatze.

Wie wird das einmal sein?
Wie wird das einmal werden?

Ist es eigentlich wichtig,
welche Hautfarbe man hat?

Kann sich die auch ändern?

Ist es gut, viele Freundinnen und Freunde zu haben?

Oder reicht eine einzige?

Ist es besser, dick oder dünn
zu sein?

Ist man beliebter,
wenn man dünn ist?

Wirst du einmal
Spinat mögen?

Wirst du dich einmal
Hals über Kopf verlieben?

Haben Eltern ihre Kinder
immer lieb?

Haben Eltern irgendwann einmal andere Eltern lieber?

Wie wird der schönste Tag
in deinem Leben sein?

Und wie der schrecklichste?

Wirst du einmal
Wunder vollbringen?

Kann man heute noch
König werden?

Wirst du einmal mutig sein?

Gibt es Berufe nur für Frauen
und nur für Männer?

Gibt es wirklich Buben- und Mädchenfarben?

Ist es wichtig, gute Noten in der Schule zu haben?

Machen Kleider wirklich Leute?

Und wann ist man verkleidet?

Macht es glücklich,
viel zu besitzen?

Oder kann man auch
mit wenig glücklich sein?

Einmal werden dir manche Sachen
komisch vorkommen.

Bringt dich dein Urlaub nach Honolulu oder Hühnergeschrei?

Gibt es Dinge, für die es sich zu kämpfen lohnt?

Ist es immer gut, so zu sein
wie alle anderen?

Welche großen Träume
wirst du haben?

Werden deine Falten
Geschichten erzählen?

Wirst du immer
bei mir bleiben?

Leonora Leitl geboren 1974. Meisterklasse für Grafik- und Kommunikationsdesign in Linz. Seit vielen Jahren intensive Beschäftigung mit Kinderbuchillustration. Mittlerweile auch Autorin von Kinder- und Jugendliteratur. Für ihr Schaffen und ihre Werke wurde sie bereits mehrfach ausgezeichnet
(u. a. Outstanding Artist Award, Österreichischer Kinder- und Jugendbuchpreis, Kinder- und Jugendbuchpreis der Stadt Wien, LeserStimmen — Preis der jungen LeserInnen).
Lebt mit ihrem Mann, ihren beiden Kindern und einer Hühnerschar in Gramastetten im Mühlviertel.

Die Illustrationen in diesem Buch hat sie in einer Mischtechnik angefertigt: Bleistiftzeichnungen wurden mit Linoldruck- und Aquarellfarben koloriert und anschließend teilweise mithilfe von Farbstiften oder durch einzelne Elemente aus bedruckten Papieren ergänzt (Collage).

Wo kennst du dich besser aus als deine Eltern?

Weitere 29 Fragen zum Philosophieren, Sinnieren, Schmunzeln und Lachen – diesmal auf den kindlichen Alltag und auf das Hier und Jetzt bezogen.

Gute Frage, sagt die Buchstabensuppe
64 Seiten; 30 ganzseitige
farb. Illustrationen
978-3-7022-4228-2